1. Baskı - Beyaz Balina Yayınları, İstanbul 2019
Yeni Baskı - Beyaz Balina Yayınları, İstanbul 2023

ORGANİK KİTAPLAR - 25

SABIRSIZ TIRTIL

Ross Burach

Özgün adı: The Very Impatient Caterpillar

ISBN:978-605-188-469-1

YAYINEVİ SERTİFİKA NO: 49238
MATBAA SERTİFİKA NO: 45163

Yayın yönetmeni: Bülent Oktay
Editör: Nurten Hatırnaz
Çeviren: Büşra Oktay
Kapak ve sayfa uygulama: Ayşe Çalışkan

Baskı: Levent Ofset Basım ve Ambalaj Sanayi A. Ş.
Fatih Cad. Karadal Sk. No: 13 Merter - İstanbul

Cilt: Levent Ofset, İstanbul

Beyaz Balina Yayın Sanat Dağıtım Paz. San. ve Tic. Ltd. Şirketi
Ömerli Mah. Harmantepe Cad. No:17 Kat:4
Arnavutköy/İstanbul
Tel: 0212 544 41 41 Faks: 0212 544 66 70
info@beyazbalina.com.tr

SABIRSIZ TIRTIL

Ross Burach

Çeviren: Büşra Oktay

Değerli anneler ve babalar,

2000 yılında yayın hayatına başlayan Beyaz Balina Yayınları ne mutlu bize ki artık "Çocuklara okumayı sevdiren kitaplar" denilince ilk akla gelen markalardan biri. Bugün kitaplarımızla büyüyen bir neslin gururunu yaşarken yeni nesil çocuklarımızın anne ve babalarıyla geçirdikleri en kıymetli anlarda da yanlarında olmak için bir "Okul Öncesi" serisinin hazırlıklarına başladık. **Pedagog Tolga Canay danışmanlığında, çocuklarımızın yaşını ve gelişim özelliklerini dikkate alarak titizlikle seçtiğimiz kitaplardan oluşan serimizi, yine çocuklarımızın sağlığına ve çevreye zararı olmayan ekolojik, kokusuz, doğal matbaa malzemeleri ile ürettik. Ve sayfaların yüzeyindeki koruyucu laminasyon uygulaması ile çocukların mürekkebe temasını engelledik.** Elinizdeki kitap her yeni projede olduğu gibi büyük bir heyecan ve mutlulukla yayına hazırladığımız kitaplarımızdan biri. Çocuklarımıza ve sizlere de aynı heyecanı ve mutluluğu vermesi dileğiyle.

Saygılarımızla,
Beyaz Balina Yayınları

HEY!
Ne yapıyorsunuz çocuklar?

Metamorfoza uğrayacağız.

KİME uğrayacaksınız?
Yani kelebeğe dönüşeceğiz.
Evet. Doğru. Biliyordum zaten.

BİR DAKİKA?!

Yani şimdi sen bana KELEBEK olabileceğimi mi söylüyorsun?

Evet.

Kanatlı falan?

Evet.

SAHİ mi?

Evet.

BENİ de bekleyin!!

Şimdi ne yapıyoruz?
Kozanı ör.
Koza. Evet. Doğru. Biliyordum zaten.

NEEEE?
Bunu NASIL yaptın?
Bir kez dönmek yeterli mi?
Yoksa fırıl fırıl döneyim mi?

Kelebek oldum mu?

Of!

Şimdi ne yapıyoruz?
Sabırlı ol ve akışına bırak.
Sabır. Doğru. Tamam, anladım.

Kelebek oldum mu?
Hayır.
Peki ya şimdi?
Hayır.
Şimdi?
Hayır.
Sabırlı ol!

Bir sorum var.
DAHA DEĞİL!
Ne soracağımı bile bilmiyorsun.
Peki. Sor bakalım.
Günün nasıl geçiyor? Bir de... ARTIK KELEBEK OLDUM MU?
HAYIR! SABIRLI OL!

ŞİŞŞ
BURADA METAMORFOZA

ŞŞŞŞT!
UĞRAMAYA ÇALIŞIYORUZ!
TAMAM TAMAM.

Bunun kaç gün süreceğini ben tabii ki biliyorum da... SEN de biliyor musun acaba?
İki hafta.
Evet, doğru. İki hafta.

İKİ HAFTA MI?!

Of... İKİ HAFTA boyunca burada ne yapacağım ben?

Çizgi roman falan alabilir miyim acaba?

Ya tuvalete gitmem gerekirse?

OYUN OYNAMAK İSTEYEN VAR MI?

Ya canım bir şeyler atıştırmak isterse?... Merhaba. İki pizza lütfen. Adres mi? Kozadayım.
-tık-
Alo? Aloooo?
1-555 PIZZA

Ne kadar zamandır buradayım?
Zıp Zıp

DAHA 1. GÜNDE MİYİZ?
Amma uzun sürüyormuş!
1. Gün

Bu kadar yeter.
Yeterince metamorfoza uğramışım gibi geliyor bana.

Merhaba dünya.
Bakın da gözleriniz bayram etsin.
İşte karşınızda güzeller güzeli bir...

KELEBEK!
Nasıl görünüyorum?
Dönüşmüş müyüm?
Kanatlarımı açıp UÇMA vakti geldi!

BİR DAKİKA!!!

Kanatlarım nerede?

Yeni bir yöntem denesem iyi olacak.

Tamam. Bunu yapabilirsin.
Sabırlı olabilirsin.
HAYATINI DEĞİŞTİRMEK SENİN ELİNDE

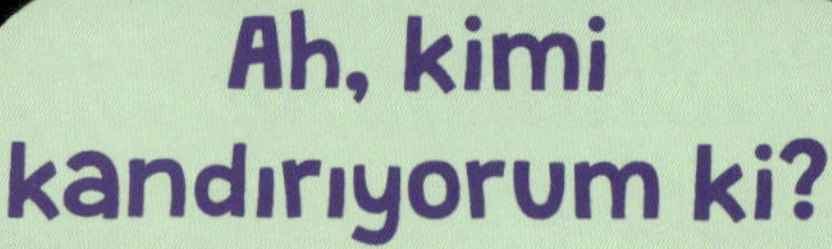
Ah, kimi kandırıyorum ki?

Ben sabırlı olamam!
HAYATINI DEĞİŞTİRMEK SENİN ELİNDE

KENDİNİ TOPLA.
BUNU YAPABİLİRSİN.

YAPAMAM!
YAPAMAM!

Başarabilirsin küçük tırtıl.

Başaramazsın küçük tırtıl.

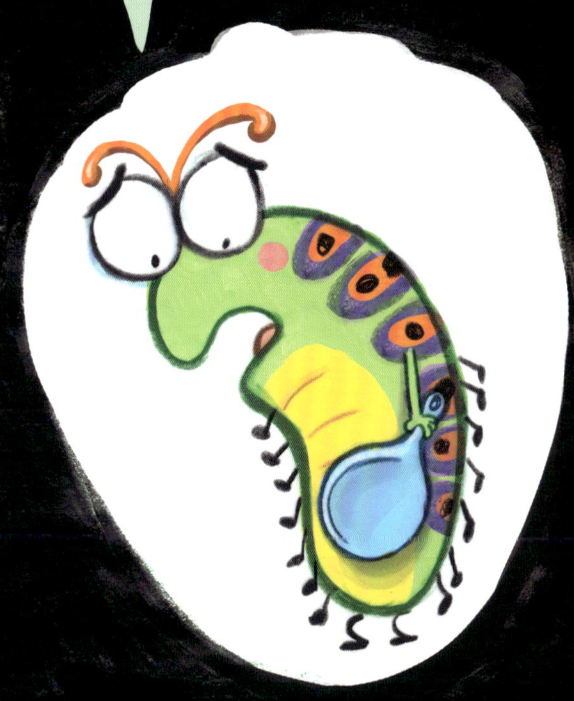

YAPABİLİRSİN!

YAPABİLİRSİN!
YAPAMAM!
YAPABİLİRSİN!
YAPAMAM!
YAPABİLİRSİN!
YAPAMAM!

Sabırlı OLABİLİRİM.
1. Gün

Sabır zihinde başlar.
2. Gün

Kozayla bütünleş.
3. Gün

Başarmak üzereyim!!
7. Gün

Sabırlı ol yeter.
8. Gün

Sadece sabırlı ol.
9. Gün

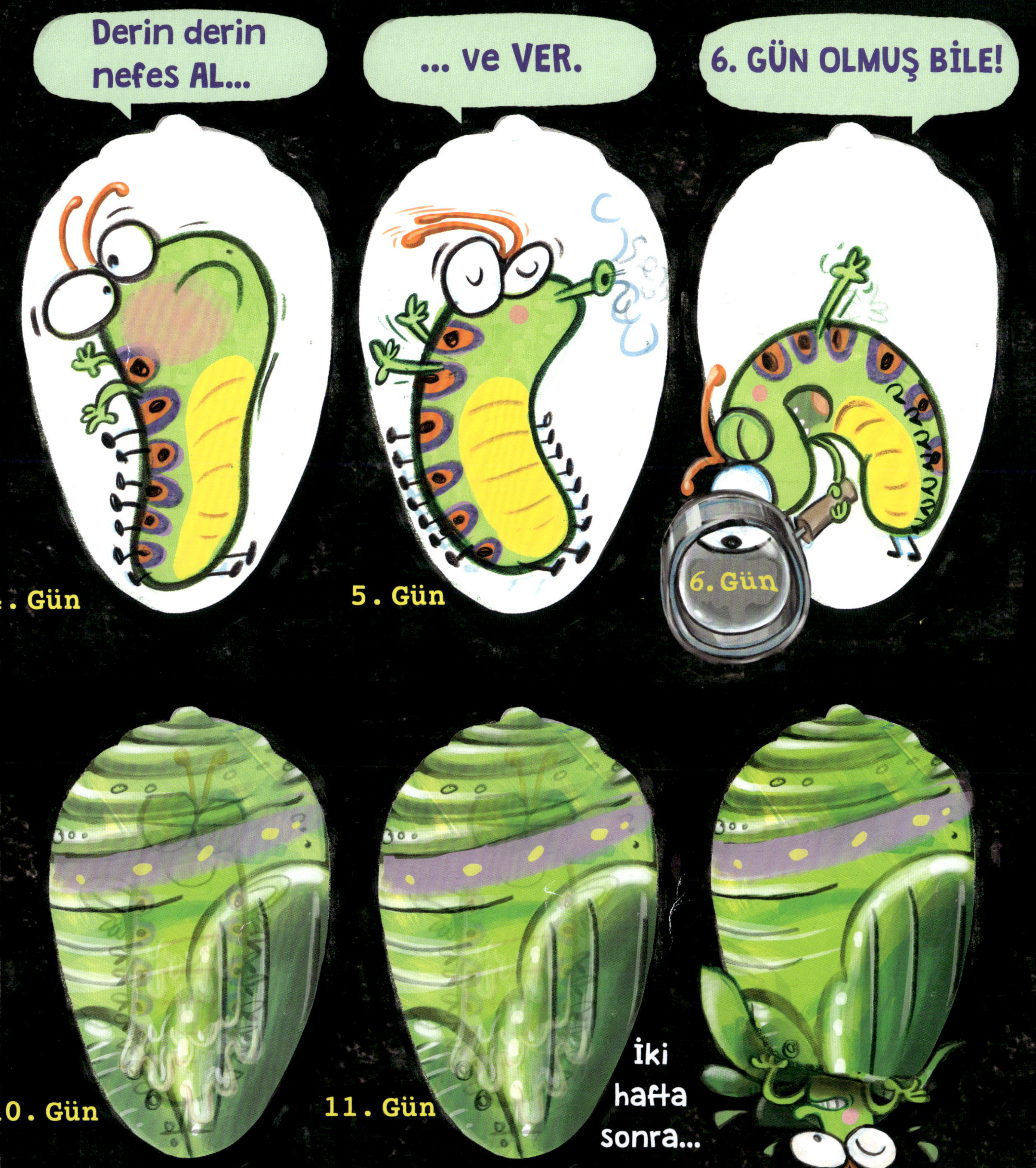
Derin derin nefes AL...
... ve VER.
6. GÜN OLMUŞ BİLE!
4. Gün
5. Gün
6. Gün
10. Gün
11. Gün
İki hafta sonra...

Başardım! Artık bir

KELEBEĞİM!

Biliyor musun, gerçekten de DEĞİŞTİĞİMİ hissediyorum! Şu andan itibaren ÇOK DAHA SABIRLI olacağım.

HEY! Hepiniz nereye gidiyorsunuz böyle?

Göç ediyoruz.

Göç. Evet, doğru. **BENİ DE BEKLEYİN!**

Anneme... Her zaman çok sabırlı olduğun için teşekkür ederim.